REGLEMENS

POVR LES OFFICIERS

des Iustices Royales de Chaumont en Vexin.

A PARIS,

Chez **MATHIEV COLOMBEL**, Impr. & Libraire
au Palais, ruë neufve S. Anne, à la Colombe Royale.

M. DC. LIX.

REGLEMENS A OBSERVER

PAR LES IVGES, GENS DV ROY,
& autres Officiers Royaux des Sieges & Iurifdi-
ctions ordinaires du Baillage, & des deux Preuoftez
de Chaumont en Vexin, arreftez par leurs Alteffes
de Longueuille, apres l'approbation de Meffire
Charles Maignart, Seigneur de Bernieres, Confeiller du Roy en fes Confeils, & de Monfieur Maiftre
Vincent le Bret, Confeiller du Roy en fa Cour de
Parlement, & autres bons Confeils.

Premierement, Pour ce qui concerne les Juges aux affaires Crimi-
nelles & extraordinaires, efquelles il y a partie Ciuile.

I.

ILS ne donneront aucune permiffion d'informer pour injures proferées, fi elles ne font grandement attroces grièues, & faites contre Magiftrats & perfonnes con-ftituées en haute dignité, non plus que pour coups our-bes, contufions, & fimples bleffures à fang, efquelles il ny a mutilation de membres, ou grand peril euident, & mefme ils ne donneront ladite permiffion d'informer, qu'apres auoir ouy le Chirurgien pour cognoiftre fi les bleffures font de confequence, & meritent information: ce qui fera obferué ponctuellement, finon en cas de mort, & dont fera fait mention en ladite permiffion & ordon-nance d'informer, & pour telle permiffion prendront dix fols.

II.

QVE fi le delit n'eft de cette qualité ils ordonneront feulement

que la partie accufée, foit appellée à briéfiour en leur Hoftel pour
eftre ouys, & les parties reglées fur le champ, s'y faire fe peut, ou finon appointées felon que le cas le requerra.

III.

NE pourront informer pour aucune partie Ciuile, s'il ny à Requefte prefentée, efcrite ou fignée d'vn Aduocat, ou Procureur du
Siege, & de la partie, ou de celuy qui fera aduoüé d'elle.

IV.

ILS feront les informations en leurs Hoftels, & ne fe tranfpor-
teront point fur les lieux, quand mefmes les parties le requerroient,
fi ce n'eft en cas de mort, ou que les témoins fuffent empefchez de
comparoir par perfonnes notoirement puiffantes, & ne prendront
pour l'audition de chaque témoin que dix fols en leur Hoftel, & le
double quand au cas cy deffus, ils feront obligez d'aller fur les lieux,
fans aucun autre falaire pour leur voyage, ny qu'ils puiffent faire re-
diger l'audition des témoins à eux prefentez, s'ils ne dépofent perti-
nemment du fait, ou des circonftances particulieres d'iceluy, & qui
puiffe feruir à l'effet de l'information, & fans auffi qu'il foit befoin
d'y appeller l'adjoint, ny en toute affaire extraordinaire.

V.

AVX matieres ou il y aura lieu d'informer apres l'information
faite, fera contre les domiciliers decreté adjournement perfonnel,
s'il y efchet, ou finon en cas d'homicide, ou peril euident de mort,
du bleffé, ou autre confideration tres-graue & importante, decret
de prife de corps.

VI.

POVR vne Ordonnance de decret d'adjournement perfonnel
trente fols, & au Procureur du Roy vingt fols.

VII.

POVR vne Ordonnance, ou decret de prife de corps quarante
fols, & au Procureur du Roy trente fols.

VIII.

LES Iuges ne feront point la perquifition des accufez, ains les
Sergens, auec moderation, & fans excez ny vexation.

IX.

POVR l'interrogatoire premier d'vn accufé trente fols, & pour
le fecond & troifiefme, s'il en conuient prendre fur faits, ou incidens
nouueaux vingt fols pour chacun d'iceux, & ce par les mains de la
partie ciuile, & non de l'accufé.

X.

POVR l'eflargiffement d'vn accufé, foit qu'il foit en adjournement perſonnel, où en priſe de corps, neant, ſoit pour le Iuge, ou le Procureur du Roy : d'autant que cela eſt deffendu par l'Ordonnance & les Arreſts du Parlement.

X I.

LE S accuſez qui ſeront en priſe de corps, ſeront eſlargis prouiſoirement en baillant caution, auſſi toſt leurs interrogatoires preſtez, ſans eſtre retenus plus long temps, ſi ce n'eſt qu'il y euſt peril de mort, ou que le delit meritat punition exemplaire.

X I I.

ET quand aux accuſez ou il ny aura qu'adjournement perſonnel, ſeront interrogez en l'Hoſtel du Iuge & non en l'auditoire, & l'interrogatoire preſté ſeront renuoyez ſans caution, eſliſans domicille & à leur caution iuratoire de ſe repreſenter à toutes aſſignatiõs, à peine d'eſtre declarez atteins & conuaincus des cas à eux impoſez.

X I I I.

POVR le recollement & confrontation de chacun témoin ſept ſols ſix deniers pour le recollement, & autant pour la confrontation.

X·I V.

POVR les eſpices d'vne Sentence de prouiſion, s'il eſchet d'en adjuger apres que l'accuſé aura eſté premierement aſſigné pour eſtre ouy ſur ladite prouiſion, & conuenir de Chirurgien de ſa part, & qu'il y aura eu auſſi au préalable appointement en droiĉt, ſoit par deffaut où autrement, ſoixante ſols, ſans que telle prouiſion puiſſe eſtre adjugée, que l'accuſé ne ſoit premierement appellé à l'effet d'icelle, & pour conuenir de Chirurgien de ſa part, laquelle prouiſion ne pourra eſtre executée qu'elle n'ait eſté ſignifiée à partie, auec l'aĉte de cautionnement.

X V.

POVR les eſpices d'vne Sentence diffinitiue telle qu'elle ſoit en matiere Criminelle dix liures, & moins ſi le cas eſt de peu de merite, ou ſinon en cas d'vne tres·grande affaire & tout a fait extraordinaire autant de trente ſols d'eſpices qu'il y aura eu de témoins ouys en l'information.

X V I.

QVAND il y aura vn priſonnier pour crime, il ſera inceſſamment procedé à la côfeĉtion de ſon procés ſans intermiſſion d'vn ſeul iour, & auſſi toſt qu'il ſera iugé, & en cas d'appel, ſera fait conduire en la Conciergerie du Palais à Paris, s'il eſt beſoin de conduite.

X V I I.

LA partie ciuile traittant d'accord auec l'accuſé, & l'accord ſignifié au Greffe, il ne ſera plus fait de pourſuites ſoubs le nom de la

B

partie ciuile, ains du Procureur du Roy feul, auquel cas l'accufé ne
fera plus tenu des defpens faits depuis la fignification, parce qu'il ny
aura plus que le Procureur du Roy partie.

Suite pour les Juges aux affaires Criminelles & extraordinaires,
efquelles le Procureur du Roy eft feule partie.

XVIII.

E N toutes affaires efquelles le Procureur du Roy eft feule partie, les Iuges ne prendront rien, & foubs ombre de l'annotation de biens portée aux decrets de prife de corps, n'en feront faire
aucun enleuement, ains les feront bailler de gré ou par Iuftice en la
garde d'vn voifin, & ce au cas feulement que l'accufé ne puiffe eftre
pris au corps, parce que s'il eft pris l'annotation ceffera, finon au feul
cas d'homicide, & luy fera donné main-leuée de fes biens par l'acte
de fon eflargiffement, en payant raifonnablement le falaire du Sergent qui en aura fait la prife.

XIX.

L E s amendes adjugées par les Iuges ne feront receuës par eux,
ains par le Receueur du Domaine, & n'ordonneront auffi les Iuges,
que les frais du procez extraordinaire feront pris fur l'amande, fauf
en fin de chaque année à leur faire droict fur les memoires qu'ils
bailleront à prendre fur lefdites amandes.

Continuation pour les Juges aux affaires purement Ciuiles, &
traittées à l'extraordinaire en leurs Hoftels & ailleurs.

XX.

P O V R vne Requefte à faire venir partie, auec permiffion de
faifir, & autres Requeftes pour faire ouuerture de portes & autres chofes, & en effet pour femblables fimples permiffions, cinq
fols & non plus.

XXI.

P o v r vne taxe de defpens taxez a, autant que monte la taxe
du Procureur pour fon memoire.

XXII.

P o v r vne taxe de defpens par declaration. Idem.

XXIII.

P o v r vne tution commune & de menus gens trente fols, &
quand il y aura taxe de nourriturequarante fols, & au Procureur
du Roy les deux tiers.

XXIV.

Povr vne subrogation de tutelle de telles personnes. Idem.

XXV.

Povr la closture d'inuentaire de telles personnes soixante sols, & au Procureur du Roy les deux tiers.

XXVI.

Povr la tution d'enfans de Receueurs de Village, & autres de pareille estoffe, & au dessus soixante sols, & en cas de taxe de nourriture quatre liures, & au Procureur du Roy les deux tiers.

XXVII.

Povr vne subrogation de tutelle de telles personnes. Idem.

XXVIII.

Povr la closture d'inuentaire de telles personnes six liures, & au Procureur du Roy les deux tiers.

XXIX.

Povr la tution des enfans Nobles six liures, & au Procureur du Roy les deux tiers.

XXX.

Povr la closture d'inuentaire des Nobles douze liures, & au Procureur du Roy les deux tiers.

XXXI.

Povr la taxe de nourriture de mineurs roturiers, non portée par leur tutelle trente sols, & au Procureur du Roy vingt sols.

XXXII.

Les Iuges ne pourront contraindre à faire inuentaire, s'ils n'en sont requis par aucuns des parens, où par personnes qui y soient notoirement interessées, si ce n'est que les pere & mere estans decedez les enfans soient mineurs, auquel cas les Iuges pourront donner Commission à leur Greffier, ou son Commis, ou à vn Sergent Royal d'aller sur les lieux faire description des biens meubles, & en charger vn voisin, ou parent des mineurs, en attendant que l'on leur ait pourueu de tuteur.

XXXIII.

Les inuentaires ne seront faits par les Iuges sur les lieux, ains ceux qui auront esté faits partie requerante & non autrement, seront affirmez pardeuant eux sur les memoires & descriptions de personnes capables dont le tuteur oneraire où subrogé tuteur feront choix, & sans qu'ils y puissent estre contraincts.

XXXIV.

L'apposition d'vn scellé apres le deceds d'vn deffunct, & lors seulement qu'il sera requis & non autrement, sera fait par l'ordonnance du Iuge, & luy fera payé fix liures hors la banlieuë, & au dedans de la banlieuë quatre liures, & autant pour la leuée.

XXXV.

Qvand vn Curé, ou autre Beneficier, & homme d'Eglife decedera, ne fera appofé aucun feellé, s'il n'eft requis par l'executeur teftamentaire, où l'vn des heritiers, ny mefmes fait aucun inuentaire, s'il n'eft pareillement requis.

XXXVI.

Povr chacun témoin ouy en enquefte de caufe ciuile dix fols au Iuge, y compris la iurande du témoin.

XXXVII.

Qvand aux enqueftes, ou preuues fommaires, feront faites à l'Audiance, fi ce n'eft qu'il y ait plus de deux faits, auquel cas les témoins eftans remis à l'Hoftel du Iuge, fera pris cinq fols pour chaque témoin en ce compris fa iurande.

XXXVIII.

Povr vn interrogatoire fur faits baillez, vingt fols.

XXXIX.

Povr l'affirmation d'vn rapport en l'Hoftel du Iuge, foit d'experts conuenus nommez ou de Chirurgiens, quinze fols.

XL.

Qve fi les experts conuenus & nommez pour toutes fortes d'affaires ciuiles, mefmes les Chirurgiens prefentent leur rapports par efcrit à l'Audiance, lors qu'il y a caufe entre les parties, leurs affirmations feront prifes tout à l'inftant, fans en faire renuoy à l'Hoftel du Iuge & gratuitement.

XLI.

Povr vne defcente fur les lieux ordonnée auec partie, fept liures dix fols.

XLII.

Povr les efpices d'vne Sentence interlocutoire, ou il ny aura que deux facs, huict liures, & quand il y en aura d'auantage à proportion.

XLIII.

Povr les efpices d'vne Sentence de contumace par deffaut ou congé qui emporte profit, foit en caufe principale ou d'appel, quarante fols.

XLIV.

Povr les efpices d'vne Requefte de deux deffauts, qui ne portera qu'vn fimple deboutté de deffences, & permiffion de verifier la demande, vingt fols.

XLV.

Povr les efpices d'vne Sentence renduë par forclufions lors qu'il y aura Enquefte, fept liures dix fols, & quand il n'y en aura point, fix liures.

XLVI.

Povr les efpices d'vne Sentence de feparation de biens quatre liures dix fols, & au Procureur du Roy pour fes conclufions trois liures.

XLVII.

Povr les efpices d'vne Sentence diffinitiue, où il n'y aura que deux facs douze liures, & au deffus à proportion : voire moins fi le cas eft de peu de merite, fi ce n'eft vn procés où il y ait plufieurs chefs de longue difcution, & de notable & grande confequence & multiplicité de pieces : & fi c'eft en caufe d'appel, fera adjoufté moitié au pardeffus pour les productions d'appel.

XLVIII.

Povr les efpices d'vne Sentence d'ordre, des decrets & ventes iudiciaires, ou difcution de biens & effefs mobiliers fur les productions du pourfuiuant & oppofans, trois liures pour chaque production.

XLIX.

Povr vne main-leuée en l'Hoftel du Iuge à l'extraordinaire, compris la reception de caution, quinze fols.

L.

Povr la vacation de iuger vne caufe diffinitiuement à l'extraordinaire parties ouyes lors que l'affaire requiert celerité, quinze fols.

LI.

Qvand aux cautions prefentées en iugement, tant pour les garniffemens de cedule, qu'autrement, feront receuës à l'Audiance fans frais, & fans pouuoir eftre renuoyez à l'Hoftel du Iuge.

LII.

Povr les caufes d'Audiance verbalement plaidées par Aduocat en caufe principale, ou d'appel, les Iuges feront leur poffible de les iuger à l'Audiance fans les appointer à mettre, & prendront à cét effet l'aduis des autres Aduocats & anciens du Siege : & où ils ne feroient fuffifamment efclaircis pour iuger fur lefdits aduis, ordonneront que les pieces des parties feront prefentement mifes fur le Bureau pour eftre reglez à la huictaine fans frais, ou finon qu'ils foient modiques, & n'excedent au plus cent fols d'efpices.

LIII.

Povr l'infinuation d'vn contract de peu de confequence trence fols, & pour les autres de confideration, tels qu'ils foient, foixante fols, le tout iufques à ce qu'il ait efté meurement deliberé fi ce droict eft deub aux Iuges, & fi l'infinuation ne fuffit pas au Greffe fans autre formalité.

LIV.

POVR les deffauts & congez fimples, & non emportans profit pris hors l'Audiance en l'Hoftel du Iuge, ne fera rien payé.

LV.

POVR la fignature du Iuge aux Commiffions feodales dix fols.

LVI.

POVR la fignature du Iuge & reception de ferment à vne Commiffion pour Meftier vingt fols, au Procureur du Roy quinze fols, & au Greffier pour fa groffe vingt fols.

LVII.

POVR les vacations extraordinaires des Iuges des actes de longue difcution, comme examens de comptes, partages, compulfoires, & tous autres actes de Iuftice, qui tiendrôt vne heure & plus, fera mife l'horloge de fable, & pour chaque heure de trauail vtile trente fols, & les autres Officiers à proportion, fans qu'à l'examen defdits comptes, foit de tutelle, foit de Commiffaires eftablis par Iuftice, où il fe fait quelquefois de grands frais, les Iuges admettent à y comparoir plus d'vn feul Procureur pour les rendans compte, vn autre pour les oyans, & vn autre pour les parties faifies s'ils y côparent, fauf neantmoins que s'il y auoit quelques creanciers intereffez audit examen, ou bien plufieurs oppofans aufdites faifies, & par diuers Procureurs, de conuenir tous en ce cas de l'vn d'eux feulement pour y affifter & entendre, afin d'euiter aux grands frais qui s'y font d'ordinaire, & reuenir tous apres ledit examen pardeuant lefdits Iuges à l'ordre qui fe fera du reliqua defdits comptes, pour y fouftenir pour leurs parties chacun en droict foy leurs droicts d'hypoteque & de preference, & eftre fur ce reglez fuiuant les maximes de la Couftume, de l'Ordonnance & des Arrefts, & fans que ceux defdits Procureurs qui ne viendront point en ordre ayent leur affiftance fur les deniers dudit ordre, fauf à fe faire payer par leurs parties de leur vacation.

LVIII.

POVR les vacations d'ordre & diftribution du prix des decrets & ventes iudiciaires d'heritages, fera fuiuy l'ordre de l'article immediatement precedent.

LIX.

POVR le feellé d'vn decret & fignature du Iuge, cent fols, fans qu'il puiffe rien prendre de la prononciation, ou adjudication par decret, comme eſtant deffendu par l'Ordonnance, & les Arreſts du Parlement.

LX.

Povr les cauſes en ceſſion de biens elles ſeront vuidées à l'Audiance ſans les appointer, & où le Iuge y trouue de la difficulté, prendra l'aduis des Aduocats & anciens du Siege, ou bien les reglera à la huiɛtaine ſuiuante au plus tard, ſans frais ſur le plumitif du Greffier, ſans que le Procureur du Roy puiſſe rien pretendre pour ce ſujet.

LXI.

Povr les Baux judiciaires neant, ſuiuant les Arreſts du Parlement.

LXII.

Ne pourront les tuteurs eſtre contrains à faire Baux judiciaires du bien de leurs mineurs, ains leur ſera permis de faire Baux conuentionnels apres les publications faites à l'Audiance, en faiſant la condition de leurs mineurs aduantageuſe; & pour leſquelles publications ne ſera rien payé au Iuge, ny au Procureur du Roy, ny au Greffier, ſinon les extraiɛts des publications au cas que la partie les demande.

LXIII.

Povr vne émancipation par Lettres du Prince pour roturiers ſoixante ſols, & pour Nobles ſix liures, & au Procureur du Roy les deux tiers.

LXIV.

Povr les Baux au rabais à l'Audiance pour nourriture de mineurs ou autrement, neant.

LXV.

Les curatelles aux ſucceſſions vacantes & abandonnées où il n'y aura point d'aſſemblées de parens, ſeront faites gratuitement à l'Audiance, & ſans frais.

LXVI.

Povr vne Garde Noble vn eſcu d'or au Iuge, & au Procureur du Roy les deux tiers.

LXVII.

Povr les infeodations & enſaiſinement pris en jugement trente ſols au Iuge.

LXVIII.

Povr les certifications de criées quand il n'y aura qu'vne Parroiſſe, & que des rotures, ou ſimples heritages en fief, ſans dénomination de fief, ſoixante ſols au Iuge, & neuf liures à tous les Pra-

ciens du Siege : Et s'il y a nombre de Parroisses, les taxes augmente-
ront de moitié pour chacune d'icelles ; & quand aux terres & sei-
gneuries de grande valeur, & qui ont dénomination de fief de notable consequence, dix liures au Iuge, & à tous les Praticiens trente
liures.

LXIX.

Povr les foy & hommages qui seront renduës au domaine, vn
escu d'or au Iuge, & au Procureur du Roy les deux tiers.

LXX.

Povr le jet & calcul des comptes & taxes de despens ne sera
rien payé : parce que cela fait partie des vacations par heure.

LXXI.

Povr les Commissions, soit de relief d'appel, d'anticipation,
ou desertion, neant pour le Iuge : parce qu'il ny est besoin de sa si-
gnature, ains suffit celle du Greffier, & le sçeau.

LXXII.

Povr l'enterinement de lettres de terrier, cent sols.

LXXIII.

Povr les receptions de toutes Maistrises, trente sols, & au
Procureur du Roy, vingt sols.

LXXIV.

Les Iuges mettront au bas de leurs signatures ce qu'ils auront
pris pour eux, jusques mesmes au bas des simples Requestes.

LXXV.

Ils ne receuront leurs salaires par leurs mains, sinon celuy des
Requestes, & pour tous les autres salaires par les mains du Greffier,
ou des Procureurs des parties.

LXXVI.

Povr les receptions d'Officiers qui se font pardeuant eux en
vertu des Lettres de prouision du Roy, qui leur sont addressées,
neant, soit pour le Iuge, soit pour le Procureur du Roy, attendu
l'Ordonnance, & les Arrests de la Cour.

LXXVII.

Ne sera pris aucun émolument pour le sein ou paraphe des Sentences & Appointemens volontaires, ou donnez à l'Audiance, suiuant les Arrests du Parlement.

LXXVIII.

Et d'autant que suiuant le Reglement des Vacations d'Aoust,
qui durent d'ordinaire prés de deux mois, il y a ordre de tout temps
de plaider en l'Auditoire deux fois la semaine pour les causes proui-
soires & de celerité ; à sçauoir, les iours de Lundy & Ieudy, & que

neantmoins le plus fouuent les Iuges ne s'y tranfportent point , ains font venir les parties & Procureurs en leur Hoftel ; en ce cas ne fera pris aucuns émolumens de toutes les caufes qui s'expediront indifferemment efdits iours ordinaires , ainfi qu'il s'eft pratiqué de tout temps.

LXXIX.

LEs Iuges ne receuront aucuns Officiers fans Lettres de nomination de fon Alteffe de Longueville , & les prouifions du Roy fur icelles.

LXXX.

ILs feront gratuitement la taxe des falaires des Sergens quand ils en feront requis , la partie intereffée appellée ; laquelle taxe aux Sergens ne pourra exceder ny eftre autre que celle arreftée pour le fait defdits Sergens , fi ce n'eft auec grande connoiffance de caufe.

LXXXI.

LEs Iuges feront eux mefmes les veus & difpofitifs de toutes les Sentences qu'ils rendront , tant en matiere ciuile , que criminelle , fans les renuoyer à faire au Greffier , qui ne fçait pas le motif du jugement.

LXXXII.

LEs taxes de defpens par declaration ou fimple memoire , feront faites fur les pieces produites , & veuës auant le jugement portant condamnation defdits defpens , & fur les regiftres & cedules des Aduocats & Procureurs , fans y employer les actes des expeditions & procedures de la caufe leuées du Greffier depuis ledit jugement , fi ce n'eft que le Greffier fe vueille contenter de feize deniers tournois pour chacun acte ou extraict d'iceluy , ainfi qu'il s'obferue au Prefidial de Beauuais , où ledit Chaumont reffortift pour les cas de l'Edict des Prefidiaux.

Pour les Gens du Roy & la Police.

LXXXIII.

LES Aduocat & Procureur du Roy vifiteront au moins tous les quinze iours les prifons , tant pour voir les prifonniers , & pourquoy ils y font détenus , que pour receuoir leurs plaintes , & y donner ordre en cas de befoin.

LXXXIV.

ILs vifiteront alternatiuement les iours de Feftes & Dimanches les tauernes , cabarets & lieux publics où l'on a de couftume de joüer , & feront payer fur le champ l'amende qui aura efté ordonnée à la Police à tous ceux qui fe trouueront pendant le Seruice Diuin dans lefdits lieux joüans ou beuuans.

D

LXXXV.

VISITERONT auſſi de temps en temps l'Hoſtel-Dieu dudit Chaumont: & notamment les deux eſpaces de logis ſeruans de retraitte aux pauures paſſans de l'vn & l'autre ſexe , pour voir & connoiſtre ſi les pailles, gerbées , & autres choſes à quoy les Religieuſes dudit Hoſtel-Dieu ſont obligées par leurs Statuts y ſont ſuffiſamment fournis , & ſi l'eſpace deſtinée pour la retraitte des femmes eſt bien aſſeurée & ſuffiſamment diſtinguée de celle des hommes, à ce qu'il n'en puiſſe pas arriuer d'inconuenient , & qu'il y ſoit donné bon ordre.

LXXXVI.

ILS feront punir exactement les blaſphemateurs du Nom de Dieu , & yurongnes inſolens , & ceux qui les recelent en leurs maiſons.

LXXXVII.

LES filles de mauuaiſe vie ſeront par eux mandées pour eſtre admoneſtées en preſence du Iuge , & en cas qu'elles ne ſe corrigent, ſera leur procés fait & parfait.

LXXXVIII.

SERONT auſſi admoneſtez les Hoſteliers & Cabaretiers de ne plus ſe ſeruir de filles ou femmes débauchées , & s'ils en ont les mettre hors, & en cas de côtrauention, ſerôt mulctez de bônes amendes.

LXXXIX.

EMPESCHERONT qu'il ne ſe faſſe aucuns chariuaris ou autres aſſemblées , ſoit à ſon de tambour , ou autrement, ny aucuns chodeaux ou cochets au temps des mariages, & où il y ſeroit contreuenu , les refractaires & leurs complices ſeront pris priſonnier, & mulctez d'amende.

XC.

LE Procureur du Roy tiendra bon & fidel regiſtre de toutes les affaires tant ordinaires, qu'extraordinaires, dans lequel ſeront inſerées toutes concluſions tant preparatoires, que diffinitiues, les dénonciations, & en ſommaire tout ce qu'il aura fait , geré , conſenty, ou empeſché , ſoit verbalement à l'Audiance, ou hors icelle.

XCI.

LEDIT Procureur du Roy pourſuiura exactement , & ſans intermiſſion ceux qui luy ſeront dénoncez de crime ou autre delit, ſans obliger les dénonciateurs à ſe porter parties , ny à faire les frais des pourſuites.

XCII.

SE contenteront leſdits Aduocat & Procureur du Roy pour les ſalaires d'eux deux des deux tiers de la taxe du Iuge, ſans pouuoir de-

mander communication des pieces & autres affaires où le Roy & le
public n'auront point d'intereſt.

XCIII.

Lᴇ Procureur du Roy n'aſſiſtera point aux examens & reddi-
tions de comptes des pupiles & mineurs, parce que cela ne ſe pratique en aucun lieu, ou la Iuſtice eſt bien adminiſtrée, & ou les parties
rendantes & oyantes ſont ſuffiſammēt garnies & aſſiſtées de conſeil.

XCIV.

N'ᴀꜱꜱɪꜱᴛᴇʀᴀ point auſſi aux confeƈtions d'inuentaire des biens
de mineurs, ny aux partages qui ſe font iudiciairement de biens de
mineurs, ny aux autres affaires, ou le Roy & le public n'ont intereſt,
non plus qu'à l'ordre & diſtribution des deniers procedans des decrets & autres venditions iudiciaires, parce que les parties litigantes
y eſtans aſſiſtées de conſeil, ſa preſence y ſeroit inutile.

XCV.

Nᴇ pourra pareillement aſſiſter les Iuges qui ſe tranſporteront
ſur les lieux pour informer, quand il y aura partie ciuile, ſi ce n'eſt
en cas de mort, ou d'vn grand delit de conſequence, & où ſa preſence ſoit neceſſairement requiſe, ſans pouuoir pretendre autres émolumens, que pour les decrets d'adjournemēt perſonnel ou de priſe de
corps, & pour concluſions diffinitiues quand il y aura partie ciuile.

XCVI.

Lᴇꜱ Gens du Roy prendront garde que les Habitans de Chaumont, ne faſſent faire aucuns chariages auec cheuaux & harnois les
iours de Feſtes & Dimanches, ny pareillement les Villageois du
Baillage dudit Chaumont, ſi ce n'eſt en cas d'vrgente neceſſité, &
pendant les Moiſſons d'Aouſt & Vendanges, & auec permiſſion de
leur Curé.

XCVII.

Eᴛ d'autant que les Gens du Roy ne peuuent pas ſçauoir tout
ce qui ſe paſſe dans la Ville & dehors, il ſera permis aux autres Officiers, comme Aduocats, Procureurs & Praticiens de faire arreſter
ceux qui ſeront trouuez charians & trauaillans leſdits iours de Feſtes
& Dimanches ſans neceſſité & permiſſion comme deſſus.

La Police.

XCVIII.

Lᴀ Police generale ſera faite vne fois l'an par le Lieutenant ge-
neral où Particulier, & le Preuoſt de Ville appellez, les Gens
du Roy, & cinq où ſix notables Habitans, laquelle Police ſera executée par le Preuoſt de Ville.

XCIX.

L A Police particuliere concernant les viures & autres menuës denrées, sera faite tous les mois à iour certain, par le Preuost de la Ville, appellez les Gens du Roy, & vn de chaque Mestier.

C.

P o v r empescher les abus qui se commettent és Commissions & Permissions, de faire la fonction de Barbier, Chirurgien & Apotiquaire, l'examen qui se fera de telles personnes par Medecins, Chirurgiens & Apotiquaires, sera fait en presence des Iuges & Gens du Roy, ausquels sera payé : sçauoir, au Iuge soixante sols, & les deux tiers aux Gens du Roy.

Pour les Aduocats & Procureurs.

CI.

L E S Aduocats & Procureurs seront tenus d'aduertir leurs parties de se trouuer en personne à l'Audiance, pour les causes au dessous de dix liures, afin d'estre vuidées sur le champ, à la premiere ou seconde Audiance au plus tard.

CII.

E n toutes causes au dessus de dix liures, le deffendeur fournira de deffences par escrit contre la demande du demandeur auparauant que les Procureurs prennent iour pour venir plaider, si ce n'est que la matiere soit tellement sommaire, que lesdites causes puissent estre iugées sur le champ, à ladite premiere où seconde Audiance sans escritures.

CIII.

L e s Aduocats & Procureurs plaideront auec modestie, sans s'interrompre les vns les autres en plaidant, déduiront leurs faits clairement & intelligiblement, sans alleguer de faux faits, ny vser de déguisement, & sans plaider, ny soustenir chose quelconque contre l'ordonnance, la Coustume & l'vsage de pratique à peine d'amande.

CIV.

I l s ne pourront mettre en auant autre chose que ce qui sera porté par l'appointement dernier, & où il seroit ordonné que le Registre sera apporté, le Procureur qui se trouuera auoir mis en fait chose contre la verité, sera condamné à l'amende, & aux despens, dommages & interests des parties.

CV.

S e r o n t tenus de se communiquer reciproquement leurs pieces auparauant que prendre iour pour venir plaider.

CVI.

Povrra le Procureur de la partie aduerse retenir si bon luy semble coppie des pieces qui luy auront esté communiquées, laquelle coppie viendra en taxe en cas qu'il obtienne gain de cause.

CVII.

Seront tenus lesdits Procureurs d'escrire, où faire escrire les Deffences qu'ils fourniront, les Repliques, Dupliques, leurs inuentaires de production & autres pieces d'escritures en bonne forme & bien lisibles, & mettre à la fin desdites coppies le nom du Conseil & Aduocat qui aura fait l'original desdites escritures, si c'est vn autre que celuy qui est chargé de la cause, afin que si la partie aduerse veut consulter, il ne tombe pas entre les mains du mesme Conseil de sa partie, qui pourroit escrire pour & contre, ou dissuader peut estre celuy qui auroit le meilleur droict de poursuiure sa cause.

CVIII.

Ne pourront les Procureurs prendre aucuns delais superflus, comme sont ceux qui portent qu'il sera fourny au reglement dernier à huict ou quinzaine deffaut, ou congé, sauf prorogé continué, & où il se trouuera qu'ils en auront pris, ne leur en sera fait aucune taxe.

CIX.

Et d'autant que le plus souuent aucuns Procureurs font changer le registre qu'ils ont fourny de deffences, repliques & autres écritures, ou communiqué & baillé coppie de quelques pieces, combien qu'à la verité ils n'en ayent rien fait, ce qui porte grand préjudice aux parties par la multiplication d'Audiances & Appointemens inutils, ils ne pourront charger le registre du Greffier dequoy que ce soit, si veritablement ils n'y ont satisfait.

CX.

Ils ne pourront produire & mettre aucune production au Greffe sans inuentaire qui soit entierement complet, si ce n'est aux causes appointée à mettre sans inuentaire ny forclusion de produire, esquelles il n'est besoin d'inuentaire si on ne veut.

CXI.

Seront tenus de mettre dans leurs productions les actes & appointemés necessaires pour l'instruction de la cause, suffira neantmoins que l'vne des parties produise lesdits actes.

CXII.

Ne pourront s'accorder les vns aux autres plus de deux delais, pour fournir & satisfaire à ce qui leur aura esté ordonné.

CXIII.

Qvand on appellera vne cause à l'Audiance, & qu'vn Pro-

E

cureur fera abfent , foit par maladie , ou autrement , fans auoir fub-
ftitué , en ce cas la caufe fera rayée , finon quand la partie fera pre-
fente.

CXIV.

NE pourront traitter aucune affaire à l'extraordinaire & en l'hoftel du Iuge , fi elle ne requiert grande celerité ; auquel cas leur fera
taxé pour leur vacation extraordinaire quinze fols au plus , parce
qu'ils ne pourront faire efcrire par le Greffier de grands & longs plaidoyers, qui ne viennent qu'à fon profit, au grand préjudice des parties ; & partant plaideront verbalement à l'extraordinaire , tout
ainfi qu'à l'ordinaire.

CXV.

POVR l'ordre & diftribution entre creanciers oppofans des deniers prouenans de la vente des meubles & immeubles faite par authorité de Iuftice , les Procureurs des creanciers qui ne viennent
point en ordre n'auront aucune affiftance , pourront neantmoins fe
faire payer par leurs parties de leur vacation & falaire.

CXVI.

POVR les Procureurs des creanciers venans en ordre , leurs taxes d'affiftance feront des deux tiers de la taxe du Iuge , & ainfi de
toutes les autres affaires qui fe feront en l'Hoftel du Iuge , felon qu'il
a efté de tout temps pratiqué.

CXVII.

SERONT tenus de faire bon & fidel regiftre de l'argent qu'ils receuront de leurs parties.

CXVIII.

LES fimples plaidoiries des Procureurs à l'exception des Audiances extraordinaires , ou des caufes qui fe plaideront quand il y
aura eu appointement à venir plaider , foit en caufe principale , ou
d'appel, feront chacune de deux fols fix deniers.

CXIX.

LES Aduocats prendront pour la plaidoirie d'vne caufe d'appel de mediocre merite trente fols , & pour vne de confequence foixante fols , & pour vne autre de grand merite & de notable confequence quatre liures dix fols . & pour vne caufe appointée à plaider
en premiere inftance & qui fera de merite trente fols , & pour celle
de notable confequence quarante cinq fols.

CXX.

POVR les efcritures qu'ils fourniront aux caufes dont ils feront
chargez , les Iuges en feront la taxe , fuiuant & conformément à
l'Ordonnance.

CXXI.

A la fin des caufes & procés ou abandonnement d'iceux, feront tenus de bailler à leurs parties vn memoire par le menu de leurs falaires, & la quittance au bas de la fomme qu'ils auront prife.

CXXII.

Povr éuiter les furprifes aux procés & inftances appointées à mettre, fans injonction ny forclufion de produire, feront lefdits appointemens fignez des parties & de leurs Procureurs fur le regiftre du Greffe, & ne pourront lefdits Procureurs faire iuger lefdites inftances ou procés ainfi appointez qu'apres vne forclufion de trois iours au moins, outre l'injonction de produire, ou fignification du premier produifant.

CXXIII.

Les Procureurs qui drefferont les plaintes des parties pour raifon d'exceds, voyes de fait, ou autre matiere, ne pourront exagerer la chofe de faits ou circonftances inuentées pour la rendre plus criminelle & plaufible, & concluëront par leurs requeftes aux matieres legeres pour faire affigner la partie, & proceder comme en matiere ciuile, fans engager les parties en procés extraordinaire par information, fi ce n'eft que le fait foit de grand merite & notable confequence, & qu'il merite punition corporelle & exemplaire.

CXXIV.

Ne pourront auffi pourfuiure en matiere criminelle aucunes prouifions pour les bleffez & plaintifs, que les accufez n'ayent efté affignez pour fe deffendre, & conuenir de Chirurgiens, ny faire receuoir les cautions qui feront prefentées par lefdits bleffez ou plaintifs, que lefdits accufez n'ayent efté auffi affignez pour voir receuoir lefdites cautions, ou les debatre d'infoluabilité.

CXXV.

Ne pourront auffi lefdits Procureurs employer dans les taxes & declarations de defpens les actes & expeditions qui n'auront point efté produites & leuées auparauant le jugement des procés; parce que ce font frais inutils qui vont à la ruine des deux parties, fi ce n'eft que le Greffier fe vueille contenter de feize deniers tournois pour chaque acte, comme il fe pratique au Prefidial de Beauuais, où ledit Chaumont reffortift pour les cas de l'Edict des Prefidiaux.

Pour les Sergens.

CXXVI.

Ne fe chargeront d'aucunes pieces fans en donner leurs recepiffez aux parties, qu' bien elles ne leurs demanderoient pas, à peine de fix liures d'amende contre les deffaillans.

CXXVII.

Ne pourront lefdits Sergens garder les pieces qui leur feront mifes és mains pour mettre à execution dans la Ville & Fauxbourgs plus de huict iours, & dans l'eftenduë de ce reffort plus de quinze iours, à compter du iour de leurs recepiffez, dans lequel temps ils feront tenus de rapporter aux parties leurs pieces, auec les exploicts par eux faits, à peine de dix liures d'amende : en quoy faifant ils feront fatisfaits de leurs falaires raifonnables.

CXXVIII.

Seront tenus de mettre par leurs exploicts ce qui leur fera payé fur la debte en faifant leur contrainte, & d'en bailler coppie à la partie, à peine d'interdiction & de dix liures d'amande.

CXXIX.

Lesqvelles fommes ainfi par eux receuës en execution des pieces dont ils auront efté chargez, ils feront tenus de bailler aux parties dans trois iours apres qu'ils les auront touchez fur les mefmes peines que deffus.

CXXX.

Ils ne pourront executer ny faire exploiter en vertu d'aucunes pieces, s'ils ne font bien & deuëment fignées & feellées, & qu'ils ne les ayent actuellement en main, fur les mefmes peines.

CXXXI.

Et d'autant que lefdits Sergens abufans de leur miniftere, font quantité d'exploicts inutils, qui tournent au grand préjudice des pauures parties, il ne leur fera taxé au plus que trois exploicts pour les executions parées.

CXXXII.

A fçauoir, le premier exploict de commandement portant pour le refus de payer execution.

CXXXIII.

Vn autre exploict d'iteratif commandement à la partie, auec commandement au gardien à fon refus.

CXXXIV.

Et le troifiefme, qui fera l'exploict de vente & fignification d'icelle, fi ce n'eft qu'il arriue incident en caufe, foit par oppofition où autrement, & s'il fe trouue autres exploicts inutils, ils leurs feront non feulement rayez : mais feront condamnez par corps à rendre les deniers qu'ils auront receus pour payement d'iceux.

CXXXV.

Qve s'ils font faire la taxe de leurs exploicts, fans ouyr les pard'y trauailler depuis neuf heures du matin, iufques à quatre heures apres midy, & ce par deux iours, l'vn au Printemps, & l'autre en Automne.

CLXXIII.

Tiendra regiftre des chemins qu'il aura reparez, & la fin de chaque cheuauchée, le mettra és mains du Procureur du Roy.

Pour les Greffiers du Baillage & Preuofté Foraine, leurs Commis, & autres.

CLXXIV.

LE Greffier ou fon Commis ne deliureront aucunes expeditions fans auoir efté bien collationnées, & les deliureront toutes en papier, fauf les Sentences interlocutoires, portans profit, adjudication, ou execution ; & les Sentences diffinitiues qui feront mifes en parchemin fuiuant l'Ordonnance de l'an 1560. article 80. pour lefquelles expeditions fera payé au Greffier tant pour les anciens droicts du Greffier, Clerc de Greffe, parifis, quart en fus, cinq fols parifis pour roolle de petit papier de Paris, pour les actes de Baillage feulemēt, fuiuant ladite Ordonnance & reglement de 1640. à la charge de mettre quinze lignes pour page, & cinq mots pour ligne, le tout fuiuant ladite Ordonnance & autre de l'an 1577. & reglemēt fait au Confeil Priué du Roy le 20. Mars 1578. confirmé par Edict du 18. Septembre enfuiuant de la mefme année : Et pour les expeditions qui requierrent eftre faites en grand papier, informations, enqueftes, auec adjoint, & procés verbaux, à raifon de vingt lignes pour page, & fix mots chaque ligne, pour tous lefquels droicts cy-deffus fera payé au Greffier cinq fols parifis pour roolle dudit papier de Paris, & fix fols parifis pour roolle de grand papier fans le controolle.

CLXXV.

Et pour vne peau de parchemin, autrement dit cahier, contenant deux roolles de grandeur & largeur fuffifante, efcrit de toutes parts en fes quatre pages, à raifon de vingt-trois lignes pour page, & de fept mots pour ligne, efcrites iufques au bout ; & fera la marge dudit cahier de la quatriéme partie d'iceluy, fuiuant l'Ordonnance de Charles IX. de 1560. & autres Ordonnances de Henry III. de l'an 1577. fera payé au Greffier pour tous lefdits droicts cy-deffus exprimez quarante fols parifis, fans le controolle.

CLXXVI.

Povr les actes de fimples reglemens & inftructions des caufes

&procedures, seront deliurez en petit papier de Paris en la maniere
& suiuant la taxe cy-dessus.

CLXXVII.

P o v r les iugemens & condemnations donnez à l'Audiance,
soit par deffaut ou affirmations des parties, seront deliurez en parchemin, tant au siege du Baillage, que Preuosté Foraine, & pour les
moindres & simples desdits iugemens, sera payé audit Greffier pour
tous lesdits droicts cy dessus cinq sols parisis, sans le controlle.

CLXXVIII.

E t au regard des autres iugemens qui sont doubles & doiuent
estre mis en petits carts, & où il sera mis vingt cinq lignes raisonnablement escrites, soit qu'il y ait cedules escrites où plaidoyers des
parties y inserez, sera payé au Greffier pour tous lesdits droicts cy-
deuant exprimez dix sols parisis, sans le controlle.

CLXXIX.

E t quand aux iugemens qui requierrent estre deliurez en grands
carts de parchemin, de longueur & largeur suffisante & raisonnable,
& où il sera mis trente lignes escrites raisonnablement iusques au
bout: lesquels grands carts se font quand les iugemens ne peuuent
pas contenir vn cahier entier, pour les grands carts il sera payé au
Greffier pour tous lesdits droicts quinze sols parisis, sans le controlle.

CLXXX.

E n i o i n t au Greffier & Clercs du Greffe d'escrire & trans-
crire toutes les expeditions, actes, appointemens & Sentences, en
bon papier, bon parchemin, & bonne ancre, de la grandeur & largeur requise, selon les Arrests & Ordonnances.

CLXXXI.

E s t deffendu audit Greffier & ses Clercs inserer és Decrets &
Sentences, les escritures, Requestes & procedures des parties, ains
seulement en feront sommaire mention, qui contiendra les dattes
selon l'ordonnance de 1560. en l'article 80. & ne seront deliurées
aucunes Sentences minutées en forme, sinon en cas que les parties
le requierent, faut en cas d'appel pour les iugemens des procés par
escrit, desquels il faudra enuoyer les sacs à la Cour, ains seront deliurées lesdites Sentences par coppies & extraicts suiuant les ordonnances.

CLXXXII.

E n tous les actes de Iustice donnez à l'Audiance, ou autrement,
Sentences, appointemens, & actes qui s'expedient en Baillage, l'in-

titulation sera faite, comme il enfuit : Pardeuant Nous Nicolas le
Porquier, Lieutenant Particulier au Baillage & Comté de Chaumont, pour le Roy, & Monseigneur le Duc de Longueuille.

CLXXXIII.

E t en Preuosté Foraine, se fera l'intitulation : Pardeuant Nous
Iean Gars, Preuost Forain de Chaumont, pour le Roy, & Monseigneur le Duc de Longueuille, sans adjouster ce mot en garde qui est
superflu, ny que des expeditions, actes, Sentences & appointemens
donnez, soit en l'vn ou l'autre siege, le Greffier puisse adjouster ces
mots, Commissaire, Enquesteur, & Examinateur, sinon aux Enquestes, informations, & autres fonctions concernans la charge de
Commissaire Enquesteur.

CLXXXIV.

D e f f e n c e s au Greffier de narrer en matiere personnelle es-
dites Sentences, sinon le dicton du Iuge, & en matieres réelles & hy-
potequaires, feront sommairement inserez ladatte des tiltres & pieces probatiues, & d'icelles fait reprise le plus succintement que faire
se pourra.

CLXXXV.

P e r m i s aux parties de leuer par extraicts, ou coppies le dicton desdites Sentences, sans qu'on les puisse contraindre de les leuer en forme.

CLXXXVI.

S e r a aussi à la liberté des parties leuer du Greffe les enquestes
faites à leur requeste en papier, comme dessus est dit, sans que le
Greffier les puisse contraindre de leuer les actes de iurande de témoins desdites enquestes.

CLXXXVII.

P o v r les executoires de despens, sera payé audit Greffier tant
pour son droict, Clerc du Greffe, parisis & quart en sus, cinq sols
parisis, sans le controlle.

CLXXXVIII.

P o v r les petits actes de reglemens en cause de Preuosté Foraine, sera payé audit Greffier pour tous lesdits droicts deux sols six
deniers parisis pour roolle de petit papier, à raison de douze lignes
pour page ; & de quatre mots à la ligne.

CLXXXIX.

L e s taxes faites au Greffier ou ses Commis sur les expeditions
extraordinaires de consequence, feront déduites & precomptées sur
les grosses qui feront leuées du Greffe, & ne leur sera fait aucune ta-

xe aux expeditions ſimples des cauſes d'oppoſitions, main-leuées, prouiſoires, ou diffinitiues, preſentations, fourniſſemens de caution, & autres affaires ſommaires.

CXC.

Ne pourra ledit Greffier amplifier les actes ou iugemens qui giſent à execution, en la fin d'iceux : Si mandons au premier Sergent Royal, mettre ces preſentes à execution deuë, ſans y adjouſter ſelon leur forme & teneur, & de point en point, ny mettre à la fin deſdites expeditions & actes : Ce fut fait & donné comme deſſus, les an & iour deſſuſdits, ny autre ſuperfluité de langage.

CXCI.

Ne ſera mis par ledit Greffier en fin de chaque dépoſition des témoins deſdites enqueſtes ou preuues ſommaires, taxe audit témoin qui Nous a requis & demandé ſalaire & vaccation, tant pour ſa iournée que pour eſtre venu exprés en ce lieu pour eſtre ouy en la preſente enqueſte, la ſomme de, ains purement & ſimplement taxé audit témoin pour ſa iournée & vaccation, tant

CXCII.

Sera tenu ledit Greffier pour l'inſtruction des cauſes où y a eu enqueſte, ou preuue de bailler extraict des noms & ſurnoms des témoins deſdites enqueſtes & preuues, en luy payant cinq ſols pour l'extraict, ſans que pour cela il puiſſe contraindre la partie de leuer ladite enqueſte.

CXCIII.

Povr les voyages du Greffier & de ſes Commis, allans auec les Iuges, ſoit en Commiſſion, confection d'inuentaire, deſcente & information, ſera taxé ſoixante ſols.

CXCIV.

Et pour le regard des comptes, ou autres vaccations extraordinaires, autres que ſimples actes & reglemens, ſera fait taxe de la moitié des ſalaires des Aduocats & Procureurs.

CXCV.

Sera tenu ledit Greffier conformément aux Ordonnances de faire bons & fidels Regiſtres, de toutes les expeditions actes & iugemens iudiciaires, contenans entierement tout ce qui aura eſté dit, plaidé & reglé en la cauſe, ſans abreger leſdits actes & expeditions, ny renuoyer aux minuttes, recours à la fueille d'vn tel, & leſquels regiſtres ledit Greffier ſera tenu de ſigner en fin de chaque page, & ſera tenu iceux regiſtres repreſenter aux Iuges & Gens du Roy de trois mois en trois mois.

CXCVI.

Sera tenu ledit Greffier de deliurer aux parties qui le requier-ront les iugemens & condamnations par eux obtenus, sans qu'il les puisse contraindre de leuer les actes de la procedure.

CXCVII.

Povr les contracts qui seront insinuez au Greffe, soit du Bail-lage, ou Preuosté Foraine, ne sera payé audit Greffier pour chacun roolle de parchemin dudit contract insinué que dix sols tournois, & non plus, sans qu'il puisse exiger d'auantage, à peine de concussion, pour quelque cause & de quelque consequence que puisse estre ledit contract.

CXCVIII.

Parce qu'aux informations & procés criminels quand il y a partie ciuile, les Greffiers exigent des parties beaucoup d'argent pour leurs grosses auant qu'elles soient expediées, & sans les deli-urer, ne pourra le Greffier exiger en deliurant le decret d'adjourne-ment personel ou de prise de corps plus de soixante sols sur les gros-ses, sauf à se faire payer apres de ce qui luy sera deub lors qu'il deli-urera les grosses, & sans que ledit Greffier se puisse faire payer d'au-cune chose, sinon en montrant la grosse desdites informations & au-tres expeditions du procés, pour voir à quoy lesdites grosses pour-ront raisonnablement monter, du temps qu'il y aura eu partie ciui-le ; surquoy sera déduit lesdits soixante sols par luy receus pour ledit decret de prise de corps, ou d'adjournement personnel.

CXCIX.

Povr d'escroüer les prisonniers qui sont en prise de corps en matiere criminelle, & mesmes pour debtes ciuiles sur le registre du Geolier, sera payé au Greffier la somme de vingt sols, sans qu'il puisse exiger plus grande somme, ny obliger de leuer la Sentence ou acte portant élargissement : & en cas que la partie vueille leuer la Sentence, lesdits vingt sols seront déduits sur la grosse d'icelle.

Les soubs-signez qui ont veu & examiné les Reglemens cy-dessus dressez par l'ordre de leurs Altesses de Longueville, pour les Officiers de Chaumont en Vexin, ont iceux Reglemens approu-uez & approuuent, comme équitables & conformes aux Ordonnan-ces, Arrests & Reglemens de la Cour. Faict à Paris, le septiesme iour de May mil six cens cinquante-neuf. Signé MAIGNART & LE BRET.

NOVS Duc de Longueville & Touteville, Comte Souuerain de Neufchaftel, voulons que les Reglemens faits par Meſſieurs de Bernieres & le Bret, touchant la Iuſtice de noſtre Baillage & Preuoſté de Chaumont en Vexin, ſoient executez de poinȼt en poinȼt. En témoin dequoy auons ſigné à noſtre Chaſteau de Trye, ce neufiéme May mil ſix cens cinquante-neuf. Signé HENRY D'ORLEANS.

ET Nous Anne Geneuiefve de Bourbon, Princeſſe du Sang, auons conformément aux ordres cy-deſſus de Monſieur le Duc de Longueville, approuué leſdits Reglemens, pour les faire executer en tout ce qui dépendra de noſtre authorité. Faiȼt à Trye, ce douziéme May mil ſix cens cinquante-neuf. Signé ANNE GENEVIEFVE DE BOVRBON.